LES COTERIES

ET

LA RÉFORME ÉLECTORALE.

IMPRIMÉ PAR BÉTHUNE ET PLON, A PARIS.

LES COTERIES

ET LA

RÉFORME ÉLECTORALE,

Par de Nervaux,

ÉLECTEUR-ÉLIGIBLE DE SAÔNE-ET-LOIRE.

L'élection des députés est une œuvre
d'intrigue et de camaraderie, c'est
un fait que l'on ne saurait nier.

Prix : 30 centimes.

PARIS,

CHEZ PAUL MASGANA, LIBRAIRE,

GALERIE DE L'ODÉON, 12.

—

1840.

LES COTERIES

ET

LA RÉFORME ÉLECTORALE.

L'élection des députés est une œuvre d'intrigue et de camaraderie, c'est un fait que l'on ne saurait nier.

Coterie légitimiste, coterie de la cour, coterie des radicaux, coterie du juste-milieu.

Si du moins ces quatre factions qui se disputent le domaine de la politique, n'envoyaient à la chambre que des gens de génie, d'esprit, ou seulement des hommes de grand sens; mais à l'exception de quelques chefs de parti, l'on n'y trouve que des nullités.

Otez, en effet, messieurs Thiers, Guizot, Berrier, Pagès, Cormenin, Barrot, Dupin, Arago, et quelques autres sommités parlementaires de telle ou telle couleur, que restera-t-il? pas un homme qui possède les dernières connaissances utiles pour traiter les choses d'état. Honorables citoyens, du reste, mais qui ne sont ni des Moïse, ni des Lycurgue.

C'est un vice de notre législation. C'est la faute du peuple : le vice est dans la forme, la faute est dans la bonhomie du peuple qui à chaque élection se laisse imposer, par les chefs de coteries, des candidats qui n'ont d'autre mérite qu'une popularité acquise à force de banquets, de toasts, de poignées de mains, de vaines promesses, ou d'articles dé journaux.

Qu'en résulte-il? C'est que l'Ain vous a envoyé et vous enverra toujours Perrier, Girod et compagnie; Macon, Lamartine; Excideuil, Bugeaud; Châlons, Petiot; Saint-Claude, Dallos; Tournon, Boissy-d'Anglas; Bayonne, Chegaray; Lyon, les plus bizarres députés du monde ; et ainsi de suite pour les soixante-dix-neuf autres départements.

Y a-t-il un remède à cela ? sans contredit. Est-il dans une réforme électorale ? nul doute encore. Mais comment arriver à cette réforme ? voilà la question difficile à résoudre. Question dont on a les oreilles battues ; qui toujours agitée, non pour le bien de tous, mais seulement dans l'intérêt des coteries, n'a pu être accueillie ni par le peuple, ni par le prince, ni par les chambres.

La France, avec une population de trente-trois millions d'habitants, n'est représentée dans ses comices que par quelques deux cent mille citoyens. Cela est ridicule. La réforme électorale serait donc tout entière dans l'augmentation des électeurs. Or, comment opérer cet accroissement, sans froisser soit les intérêts du peuple, soit ceux du prince ?

En augmentant à l'infini la masse électorale, l'on votera comme en Angleterre, *à livre ouvert*, sur la place publique. Chaque élection engendrera l'émeute, et toujours l'émeute du souverain contre le prince.

N'admettra-t-on que les capacités, comme on les appelle? alors on exclura des colléges une immensité de citoyens payant l'impôt foncier, et conséquemment plus intéressés à l'agrandissement des libertés et de la fortune publique, que cette nuée d'avocats, de médecins, de procureurs, d'officiers de gardes nationales, ou de prétendus savants, ou académiciens, ne possédant rien au monde et n'ayant à défendre aucun des intérêts nationaux, c'est-à-dire intérêts matériels.

Ne serait-il pas singulier de voir, à l'exclusion des officiers de l'armée, les officiers de la garde nationale voter dans les assemblées civiques? et puis encore les docteurs en médecine, en chirurgie, en pharmacie qui appartiennent aux différentes armes, venir apporter leur bulletin dans l'urne électorale, tandis que les officiers supérieurs, comme les subalternes, seraient privés de ce même droit.

Établira-t-on des catégories en excluant les capacités qui appartiennent au département de la guerre? Alors il faudra encore éliminer ce qui appartiendra au clergé et à l'université, car tout comme les capacités militaires, les officiers de l'instruction publique, ainsi que les gens d'église forment un corps organisé et salarié par l'état. Ici c'est la puissance du sabre, là celle du savoir, et puis le danger du confessionnal.

La loi doit être égale pour tous les citoyens. Mais à supposer qu'en élargissant autant que possible le cercle électoral, on abandonnât les catégories, en accordant à toutes les capacités le droit d'élire les mandataires du peuple, et à tous les citoyens le droit d'éligibilité, on sortirait alors d'un excès pour retomber dans un autre. Ce serait la guerre de l'avocat contre le médecin, du soldat qui reçoit contre le contribuable qui paie, du pasteur réformé contre le prêtre romain, et ainsi pour toutes les nuances d'intérêts de corps ou d'intérêts particuliers. Chaque fraction voudrait dépêcher sa créature à la chambre législative, qui cette fois, au préjudice du propriétaire foncier, ou du citoyen patenté, ne serait peuplée que de gens ne possédant d'autre consistance qu'un prétendu savoir, acquis trop souvent par un misérable diplôme de licencié en droit, de pharmacien de village, d'officier de la garde nationale, ou enfin de membre de quelque pauvre académie provinciale.

Eh! que font au peuple ces capacités qu'on veut incessamment lui jeter à la tête? rien. Et pourtant c'est le peuple qui forme la nation : c'est la réunion de toutes les fortunes, de toutes les professions, de toutes les industries payant au fisc un impôt quelconque, qui est intéressée à connaître l'état de la grande question qui s'agite. Ce ne sont point de belles phrases qu'il faut écrire; ce ne sont ni des cours de grammaire, ni des leçons d'éloquence qu'il s'agit de faire. Il faut dire au peuple des choses qu'il comprenne très-bien. Il faut lui dire l'entière vérité, la vérité toute nue, cette grande vérité telle qu'elle est : la chose ainsi que les hommes l'ont faite, comme ils l'ont exploitée, comme ils l'exploitent encore, comme ils voudraient l'exploiter et l'exploiteront toujours, si le peuple demeure à tout jamais la dupe de quelque poignée de meneurs appartenant aux coteries.

Coterie légitimiste ! peu dangereuse en elle-même, mais néanmoins redoutable par son alliance avec le clergé.

Coterie de la cour ! affamés budgivores, adulant, flattant, sautant et votant les lois d'apanage et de dotation.

Coterie des radicaux ! point radieux *éclairant* de ses rayons immenses tous les peuples de l'univers. Beau rêve que nos enfants plus heureux que nous verront se réaliser... Mais hélas ! en France, seulement une douzaine de patriotes éclairés, suivie d'une foule de machines sans capacité, se traînant à la remorque, n'ayant d'autre soin que beaucoup d'orgueil ou leur intérêt personnel ; arrivant à la chambre à l'aide de cette *popularité factice*, escaladant les greniers du peuple, et distribuant les poignées de mains aux temps des élections, promoteurs de banquets, proposants de toasts avant d'être élus, puis vrais satrapes vis à vis de ce même peuple, qui cependant comptait sur eux.

Coterie du juste-milieu! faction sans énergie, opinion sans principes, salmigondis composé de transfuges de toutes les couleurs. Bonnets rouges en 1793, tricolores en l'an VIII, bonapartistes en 1805, ultras en 1815, libéraux en 1823, enragés en 1830, et en 1831 vendus à tous les pouvoirs. Sacrifiant le bonheur de l'état à la conservation de leurs fortunes ou de leurs emplois; amis du peuple quand vient le danger, applaudissant à d'atroces lois après la victoire; amis du roi aujourd'hui et demain courant sus. Hommes qui font pitié, mais qui n'en sont pas moins dangereux, car ils sont couards et méchants.

Voilà pourtant les mandataires, les fai-

seurs de lois qu'aurait toujours la France,
si le peuple recevait telle qu'on la présente
cette fameuse réforme électorale.

L'ambition par malheur a toujours été le
mobile du candidat à la députation, l'on
n'aurait ainsi faisant que des orgueilleux
comme par le passé : *Et je vouldrois à
ce mestier un homme content de sa
fortune.*   (*Montaigne.*)
Quod esse velit nihilque malit.

La réforme électorale doit être tout entière dans l'abaissement du cens. La fortune
du sol roule entre les mains de la propriété
foncière, du commerce et de l'industrie ;
ce sont des propriétaires, des paysans, des
négociants et des capacités *industrieuses*
qu'il nous faut. L'impôt foncier et celui des
patentes doivent être comme par le passé la
base du droit électoral. Que l'on abaisse le
cens autant que l'on voudra, mais que l'on
n'admette les capacités au milieu du peuple-
électeur qu'autant qu'elles offriront une véritable solidarité, et que cette solidarité soit

toute dans l'impôt foncier ou dans celui de la patente.

Il faut, pour nommer le législateur qui vote le budget, un électeur intéressé qui paie à ce budget sa quote-part, grande ou petite. Eh! qu'importera-t-il au prêtre, à l'avocat, au procureur, au médecin, à l'apothicaire, ou au docteur-ès-sciences, que le budget s'abaisse à vingt-quatre sols, ou qu'il s'élève à un milliard et demi; ne payant rien en sera-t-il plus pauvre ou plus riche?

En vérité si l'on ne savait le désintéressement des hommes d'état qui ont digéré le projet de réforme, l'on aurait peine à les comprendre. Il semblerait qu'à l'exemple des coteries en question, ces messieurs, tout en cherchant à diminuer le pouvoir du prince, n'ont songé (du moins jusqu'à présent) qu'au moyen de demeurer à tout jamais membres de la chambre législative, en composant la masse électorale de la portion de citoyens qui pourrait le plus aisément leur assurer la majorité des suffrages. En France, rien pour le peuple ; à l'aristocratie féodale succéda l'aristocratie de l'argent : voici venir aujourd'hui celle des capacités.

Mais que faut-il donc faire pour améliorer notre système électoral? Faut-il rester couchés dans l'ornière, où les intérêts incessants des coteries nous retiennent avec violence, après nous avoir *doucement* poussés hors de la voie démocratique ? non sans doute ; il faut, au contraire, rentrer franchement dans cette route, en rendant néanmoins au prince ce qui appartient au prince, en conservant au souverain ce qui appartient au souverain.

La révolution de juillet proclama la souveraineté du peuple : de cette souveraineté naquit à son tour la dynastie de Louis-Philippe d'Orléans. Il ne s'agit donc plus que de conserver, comme il vient d'être dit, à la première de ces puissances toute la souveraineté qu'elle sut conquérir. le fer à la main, *et rien de moins*, et d'assurer à la couronne les pouvoirs utiles qui lui furent octroyés par la charte constitutionnelle, *et rien de plus.*

Donc le royaume de France, étant un empire né de la démocratie, ne peut avoir de durée qu'avec des institutions démocratiques; mais comme le peuple ne pouvait non plus conserver l'entière possession de la souveraineté sans être exposé à une suite infinie de révolutions qu'en érigeant, sous le nom de roi, un pouvoir pondérant, il demeure impossible de sacrifier l'une de ces puissances, sans s'exposer à tomber ou dans l'anarchie, ou dans la servitude : et c'est pour cela qu'il faut trouver un moyen de conserver à chacune d'elles la portion raisonnable de droits qui lui appartient.

Au contraire, la loi électorale de la restauration, comme celle de la révolution de juillet, loin de rendre libre l'élection des représentants du peuple, en ont écarté autant que possible toutes les libertés qui pouvaient s'y glisser. Ces lois furent votées dans l'intérêt du prince et pour arriver à ce prétendu gouvernement représentatif, qu'à juste titre Paul Louis Courrier appela *récréatif, n'y ayant rien qu'il sût au monde de plus divertissant pour un roi.*

Ne voit-on pas, en effet, que dans tout ce qui constitue le mouvement électoral il n'y a que peines et soucis pour l'électeur?

Absence de son domicile, et souvent un voyage de dix, vingt, et même trente lieues pour aller présenter au préfet telle ou telle pièce que le maire de la commune aura refusé d'admettre par bêtise, que le sous-préfet rejettera par méchanceté, et que le préfet ne se donnera pas la peine d'examiner; puis nouveau voyage au siége de la Cour royale pour obtenir par un arrêt son inscription sur les listes du jury;

Absence pour la formation du bureau définitif;

Absence pour l'élection du député;

Absence en cas de ballotage;

Absence en cas de décès ;

Absence en cas de démission ;

Absence en cas de nomination à un emploi salarié ;

Absence pour l'élection des conseillers de département ;

Absence pour celle de ceux d'arrondissement ;

Absences, qui, en les réunissant aux fonctions de juré, ne peuvent être moindres que de soixante jours. Or, combien n'est pas onéreux un aussi long espace de temps dérobé aux travaux des champs ? Et l'on n'a pas compté soixante fêtes ou dimanches, qui, toujours célébrés dans les villages, peuvent occasionner, avec les soixante jours précités, une suspension de travail de plus de quatre mois.

Les journaux ne nous ont que trop entretenus du système corrupteur introduit dans les élections, d'une part au moyen des intrigues du pouvoir, de l'autre par les camaraderies légitimistes, doctrinaires ou radicales , qui de nos électeurs et au profit de leurs adeptes font de véritables manne-quins-votants. Ce serait une honte que d'en parler encore. Il ne s'agit plus de récri-miner, mais il s'agit de combattre, de dé-truire les abus, et d'alléger les fonctions électorales, en les simplifiant autant que possible dans l'intérêt de tous ; et c'est ce que nous allons essayer de faire.

Que demandent messieurs les réforma-teurs? L'augmentation du nombre des élec-teurs, en admettant dans les colléges les capacités inscrites sur la seconde partie des listes du jury , soit encore tous les citoyens faisant partie de la garde nationale. D'ac-cord ; mais seulement les capacités payant 50 fr. d'impôts directs. Et dans quel *but* veulent-ils cet élargissement électoral? Se-rait-ce dans l'espoir que les députés choisis par une plus grande masse de suffrages n'appartiendront pas , ou appartiendront beaucoup moins , à la classe des fonctionnai-res salariés par l'état ?

Non., ce n'est pas cela ; et nous qui voulons, ainsi que nous l'avons promis, montrer la chose toute nue, nous dirons que tous les projets de réforme électorale sont encore l'ouvrage des coteries, et n'ont, sous le prétexte de modérer le pouvoir du prince au bénéfice du peuple souverain , d'autre but que l'intérêt des chefs de coteries, qui veulent demeurer ou entrer au pouvoir.

Mais nous allons offrir à messieurs les réformateurs un moyen très-simple pour arriver à une véritable réforme électorale et sans toucher en aucune façon aux anciennes lois , qui nous paraissent tout-à-fait suffisantes pour ce qui est du nombre et de la qualité des électeurs (en y ajoutant néanmoins les capacités payant 50 fr. d'impôts directs).

Il est probable que l'adoption de notre projet éloignerait beaucoup de ces messieurs du corps législatif ; mais, écrivant pour le peuple et dans l'intérêt du peuple, nous

nous inquiéterons fort peu de déplaire aux coteries.

Le suffrage par le choix est de la nature du gouvernement aristocratique ; le suffrage par le sort est de la nature du gouvernement démocratique.

Le gouvernement représentatif appartient en même temps à la nature aristocratique par rapport au prince, et à la démocratique par rapport à la nation qui est souveraine, puisqu'à elle seule appartient le droit d'élire et ses législateurs, et le magistrat communal, et les officiers de sa garde civique.

Il s'agit donc de marier les intérêts du prince avec ceux de la nation, intérêts que l'on s'efforcerait en vain de nous présenter comme incompatibles ; car ils ne le sont point, et ne peuvent l'être effectivement puisque le pouvoir du prince est inviolable comme sa personne, que toute la responsabilité des actes émanés ou acceptés par le trône pèse sur le ministre qui les contresigne, et que sous la puissance d'une chambre ainsi qu'on l'aurait en adoptant notre projet la responsabilité du ministre ne serait plus, comme toujours elle fut, une véritable dérision.

Cela étant, sans blesser ni les droits du peuple ni les droits du prince, nous arriverons non-seulement à l'union de ces deux intérêts, mais encore à l'anéantissement des coteries, à la destruction du système corrupteur qui depuis tant d'années vient troubler nos élections, et à l'allégement des fonctions électorales.

Nous ne toucherons aux anciennes lois, en ce qui est de la quantité et de la qualité des suffrages accordés au peuple contribuable, qu'en ajoutant les capacités payant 50 fr. d'impôts ; mais nous élargirons celui des élus, et arriverons par ce moyen à une véritable réforme, car toute la réforme doit aboutir à l'entier renouvellement de la chambre législative ; de façon que les députés soient à l'avenir les véritables mandataires du peuple, et non des hommes nés du pouvoir ministériel ou de celui des coteries.

La chambre des députés est composée de 459 membres ; nous ne ferons pas à la France l'injure de croire qu'elle ne puisse trouver dans ses 459 arrondissements électoraux 1,836 hommes capables de remplir le mandat de député.

Nous le répétons encore, nous avons promis de dire toute la vérité ; or, une chose que l'on ne saurait révoquer en doute, c'est que depuis plus de quarante ans, parmi les députés élus par les arrondissements électoraux, il n'en a pas existé un, pas un seul qui fût véritablement un mandataire élu par la propre volonté du peuple. Tous les députés, tous absolument, tous furent élus, soit à l'aide de coteries, soit avec l'aide du pouvoir ministériel ou de moyens corrupteurs ; légalement, oui ; mais équitablement, non !

Cette démoralisation de nos comices ne peut être corrigée que par le retour au système démocratique mitigé, et, comme déjà nous l'avons dit, par le suffrage au choix réuni au suffrage par le sort, et rien ne serait plus simple, ainsi que nous allons le démontrer.

PROJET.

1° A l'avenir, chaque arrondissement, au lieu de n'élire qu'un député, en élirait quatre.

2° Ces députés seraient élus pour cinq ans.

3° Cette élection serait faite par scrutin de liste.

4° Comme dans l'ancienne loi, nul ne serait député au premier tour de scrutin, s'il ne réunissait plus du tiers des voix de la totalité des membres composant le collége, et plus de la moitié des suffrages exprimés.

5° Après le premier tour de scrutin, si l'élection n'était pas entièrement faite, le président, après avoir proclamé députés ceux des candidats qui auraient réuni la quantité de suffrages prescrits par l'article précédent., proclamerait ensuite les noms de ceux qui auraient réuni plus du quart des suffrages de la totalité des membres composant le collége, et plus du tiers des suffrages exprimés.

6° Au second tour de scrutin, l'élection aurait lieu à la pluralité des voix, mais les suffrages ne pourraient alors être donnés qu'aux candidats dont il a été question à la fin du précédent paragraphe.

7° Le président proclamerait députés les quatre candidats élus.

8° Immédiatement après cette élection faite par suffrages, le président procèderait à l'élection par le sort ; à cet effet, il présenterait aux deux scrutateurs placés aux extrémités du bureau, à l'un, quatre boules de couleur différente, à l'autre, quatre bulletins portant les noms des quatre députés élus. Les scrutateurs jetteraient les boules dans une des urnes placées sur le bureau, et les bulletins dans l'autre.

8° Les boules et les bulletins jetés dans chacune des urnes, les deux membres placés à côté du président tireraient en même temps, d'une part le nom du député, de l'autre une des boules dont la couleur lui serait attribuée. Procès-verbal serait dressé de la couleur de la boule attribuée à chacun des quatre députés.

9° Cette opération terminée, le secrétaire jetterait l'une après l'autre, après les avoir montrées d'une manière ostensible aux électeurs, les quatre boules dans l'urne placée devant lui. Il la remettrait devant le président, qui, à son tour, renverserait toutes à la fois les quatre boules dans l'autre urne, et la ferait ensuite passer devant le dernier scrutateur placé à sa droite, qui, sans se lever de son siége et sans regarder l'ouverture de l'urne, y plongerait la main pour en tirer une des boules et la remettre au président, qui, après en avoir montré la couleur aux membres du collége, dirait à haute voix : La boule (désigner la couleur), étant sortie de l'urne, M....., membre de la chambre des députés, est désigné par le sort pour y siéger immédiatement.

« *Voilà pour l'élection des députés;*
« *nous ne pensons pas que la fraude*
« *pût être introduite au milieu de*
« *telles précautions.* »

10° Le procès-verbal attribuant aux députés une boule de telle ou telle couleur serait transmis à la chambre par le président du collége électoral.

11° Chacun des trois députés élus par suffrages devrait, ainsi que celui élu par le sort, pour siéger immédiatement, déposer aux bureaux de la chambre les pièces utiles pour constater son éligibilité.

12° Les pièces produites, la chambre prononcerait d'abord sur la validité de l'élection du député élu par le sort et devant siéger immédiatement, et aussitôt après sur celle des trois autres députés élus par suffrages, en mentionnant, dans l'admission de ces derniers, la couleur de la boule attribuée à chacun d'eux.

13° En cas de démission, de décès, de nomination ou de promotion du député siégeant à un emploi salarié, le président de la chambre des députés, ayant rempli les formalités exigées pour l'élection par le sort, c'est-à-dire après avoir montré à la chambre les trois boules attribuées aux députés non siégeant, en indiquant la couleur appartenant à chacun d'eux, et les avoir déposées l'une après l'autre dans une des deux urnes de scrutin, puis jetées dans l'autre toutes à la fois, tirerait à son tour et sans se lever de son fauteuil celle qui devrait désigner le membre appelé à siéger en remplacement du député sortant.

On m'objectera peut-être qu'en cas de dissolution, la chambre pourrait n'être plus composée que de vieux ou de jeunes députés; ce serait là un jeu du hasard, mais nous avons trouvé remède à cet inconvénient, à supposer que c'en fût un, et nous dirons :

14° En cas de dissolution de la chambre, au lieu de tirer au sort les nouveaux députés, les 43 premiers départements enverraient les plus âgés des élus, et les 43 derniers les plus jeunes, moyennant quoi toute difficulté serait levée, car une moitié de la chambre serait infailliblement composée d'hommes d'un âge mûr, et l'autre moitié de jeunes législateurs.

Le tirage au sort serait peut-être plus convenable et plus légal, mais aussi occasionnerait-il la convocation des colléges électoraux, et un intervalle de temps qui pourrait, en certaines circonstances, devenir préjudiciable aux intérêts du pays, et nous pensons qu'il serait plus convenable d'adopter le moyen indiqué au 14me paragraphe.

Terminant enfin, nous ne pensons pas que nul puisse raisonnablement condamner notre projet ; nous nous attendons néanmoins à rencontrer des contredisants : mais, ferme dans nos convictions, nous ne reculerons jamais, parce que nous sommes sûr que, la main sur la conscience, ceux de MM. les députés qui liront notre projet se diront à eux-mêmes : *Voilà bien la liberté pour tous !* Et si la chambre consultée ne votait pas son adoption, nous dirions à notre tour : *Pauvre France ! adieu la liberté ! l'intérêt personnel est le plus fort.*

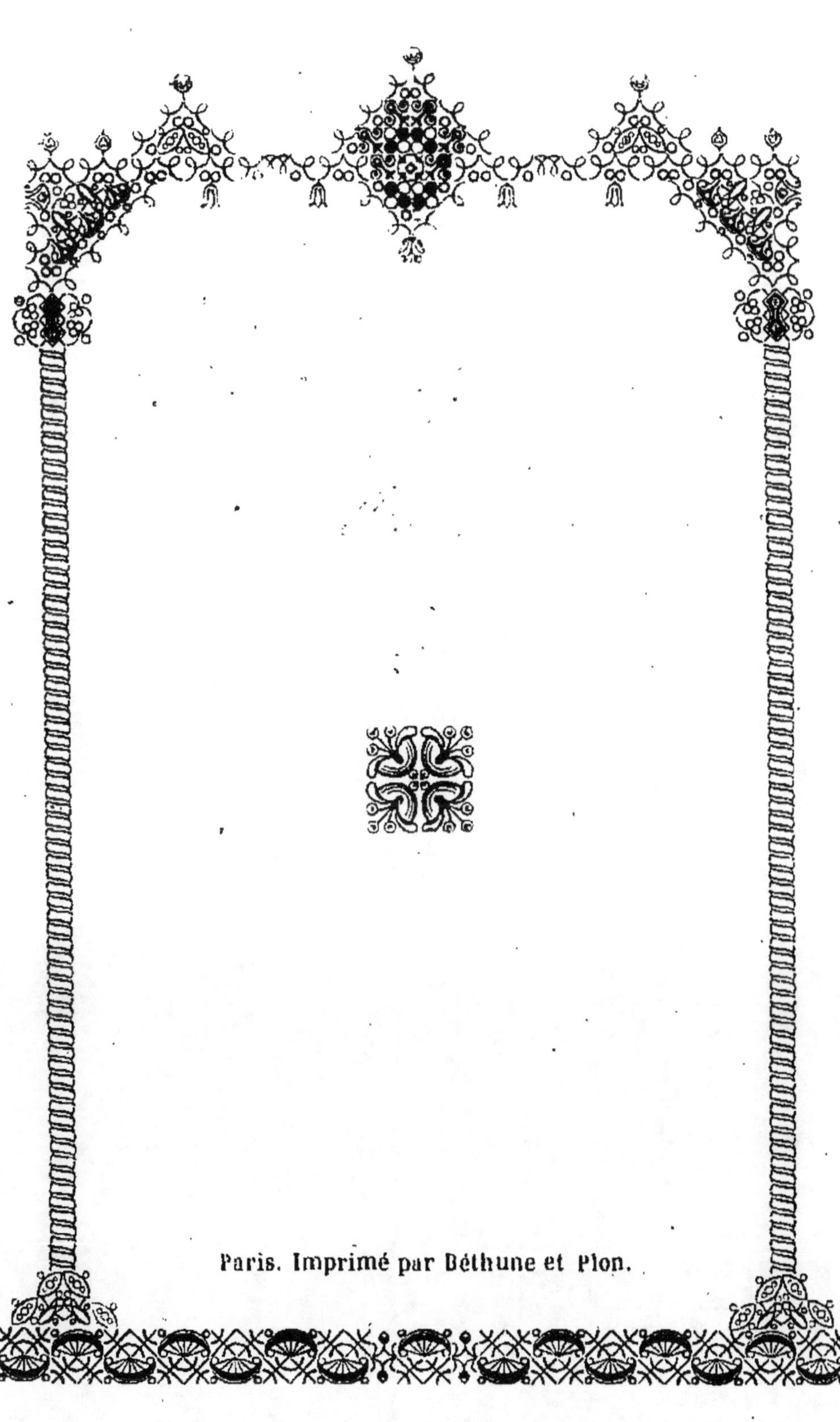

Paris. Imprimé par Béthune et Plon.